AF461700

STATUTS

ET
REGLEMENS

POUR LES MARCHANDS EPICIERS, Ciriers & Confiſſeurs de la Ville, Fauxbourgs & Banlieuë de Caën.

A CAEN,

Chez MARIN YVON, Ruë Noſtre-Dame.

STATUTS
ET
REGLEMENS.

POUR LES MARCHANDS EPICIERS; Ciriers, & Confiſſeurs de la Ville, Fauxbourgs & Banlieuë de Caën, redigez de nouveau & reformez, en conſequence de l'Arreſt du Conſeil du quatre de May mil ſept cens ſeize, rendu entre leſdits Marchands Epiciers, & les Maiſtres Marchands Merciers & Patiſſiers de ladite Ville de Caën: Et ſur la Requeſte preſentée á Monſieur le Lieutenant General de Police, le douze Septembre mil ſept cens ſeize, par leſdits Maiſtres Marchands Epiciers, Ciriers, Confiſſeurs.

ARTICLE PREMIER.

LES Marchands Droguiſtes, Epiciers, Ciriers & Confiſſeurs de la Ville, Fauxbourgs & Banlieuë de Caën, ſont & demeureront à l'avenir, comme ils ont eſté pour le paſſé, unis & incorporez en un ſeul & même Corps & Communauté,

& regis ſous mêmes Loix, Statuts & Ordonnances & par mêmes Gardes qui ſeront par eux élûs en la forme & maniere cy-aprés déclarée, ſans qu'á l'avenir ils ſe puiſſent ſeparer pour quelque occaſion que ce ſoit.

I I.

Pour le bien & utilité duquel Corps & Communauté, ſera fait & celebré tous les ans dans l'Egliſe des Reverends Peres Cordeliers un Service ſolemnel au jour de Saint Jean-Baptiſte ; à commencer en l'année mil ſept cens dix-ſept, auquel Service leſdits Marchands ſeront tenus d'aſſiſter, & le jour ſuivant, ſera fait une Aſſemblée de la Communauté dans le Chapitre des Religieux ſur les deux heures aprés midy, pour proceder à l'élection de quatre Gardes Jurez qui veilleront avec ſoin à la direction, & à l'adminiſtration des affaires de la Communauté & entretenement, & execution des Statuts ; du nombre deſquels Gardes il en ſortira deux tous les ans, leſquels avec les Gardes anciens reſtez en charge, rendront compte de leur adminiſtration aux Gardes nouvellement élûs, & à ſix autres Maiſtres qui ſeront pour cet effet choiſis par la Communauté.

I I I.

Leſquels Gardes ſeront gens de probité & experience, non nottez & diffamez, ayant pouvoir de ſe tranſporter, quand ils le jugeront utile & neceſfaire chez tous les Maiſtres dudit negoce, pour faire viſite des Marchandiſes, même des Poids & Balances, & voir ſi tout eſt dans les regles, ſans qu'aucun Marchand puiſſe faire refus d'ouvrir ſa Boutique ou Magaſin ; pourquoy ſe pourvoiront d'un Mandement de Meſſieurs les Lieutenant General de Police, & Procureur du Roy ; feront une Viſite generale de trois mois en trois mois chez tous les Maiſtres dudit Métier, pour voir & examiner ſi les Marchandiſes ſont bonnes & bien conditionnées. Les Maîtres ſouffriront les Viſites avec honneur & reſpect, & ouvriront les lieux où les Marchandiſes ſeront repoſtées, à peine de dix livres d'amende : Et s'il arrive que les Gardes trouvent des Marchandiſes de mauvaiſe qualité, ils ſeront tenus de les ſaiſir & arreſter, pour enſuite faire le rapport de la defectuoſité d'icelles par-devant Monſieur le Lieutenant General de Police qui en ordonnera ce que de raiſon : Seront les Amendes jugées applicables, moitié au Roy, & moitié aux Gardes.

I V.

Les Sieurs Doyens de Medecine, & un Profeſſeur accompagnez d'un Garde Apoticaire, & d'un Garde Epicier, pourront faire tous les ans deux Viſites chez les Marchands Epiciers, pour voir & examiner ſi les Drogues fines ſervant à la Medecine & Pharmacie ſont bonnes & bien conditionnées. Leſdits Marchands souffriront les Visites avec honneur & respect, & ouvriront les lieux où les Marchandises seront repostées, à peine de dix livres d'amende, applicable comme dessus.

V.

Et lorsqu'il y aura des affaires d'importance concernants ledit Corps, les Gardes seront tenus de faire assembler toute la Communauté pour en deliberer, & si les affaires sont de moindre importance, seront tenus de convoquer seulement douze des anciens pour en deliberer conjointement avec eux, le tout pour le bien & utilité dudit Corps, & ne pourront sans cela entreprendre aucuns Procez concernant ledit Corps, à peine de porter à leurs propres & privez noms tous les interests & depens qui pourroient s'ensuivre: Et sera tenu par lesdits Gardes un fidel Registre, dans lequel seront inscrits tous les Statuts & Reglemens, Arrests, Jugemens & Deliberations, & tous autres Actes concernans le Negoce desdits Marchands; lequel Registre sera mis dans un Coffre avec tous les Papiers & Deniers de la Communauté, & ledit Coffre déposé en la Maison du premier Garde, fermé de trois serrures, dont les clefs demeureront aux mains des trois autres Gardes, seront tenus lesdits Marchands se trouver & assister en personne aux Assemblées, lorsqu'ils en auront esté avertis de la part des Gardes par le Clerc de la Communauté;

à peine de trente sols d'amende, au profit de la Communauté contre les defaillans, s'ils n'ont excuse fort raisonnable.

VI.

Parce qu'il est trés-important que ceux qui contribuënt à l'entretenement & recouvrement & conservation de la santé des hommes, & qui ont le maniement & dispensation des Drogues simples servants à la Medecine, Epicerie, Ouvrages de cire & Confitures entrants au corps humain, soient dûëment versez & experimentez en la connoissance des Marchandises; & qu'il seroit perilleux que d'autres s'en mêlassent. Nul autre que lesdits Marchands Droguistes, Epiciers, Ciriers & Confisseurs, ne pouront s'entremettre & entreprendre de vendre & distribuer publiquement ou autrement en la Ville & Fauxbourgs, & Banlieuë de Caën, aucunes Drogues simples servants à la Medecine, Epiceries de toutes qualitez, Poudres, Huilles, Figues, Raisins, Pruneaux; Sucre, Ouvrages de Cire, Amidon étranger, & autres, sans toutesfois en empescher la vente en gros.

VII.

Tous Marchands Droguistes, Epiciers, Ciriers & Confisseurs, soit qu'ils ayent Boutique ou Magasin ouvert, ou Porteur de Certificat d'Aprentissage dûëment en forme, seront tenus de se presenter dans la quinzaine, du jour de la publication desdites Statuts pour tout délay, dans lequel temps de quinzaine lesdits Marchands ayant Boutique ou Magasin ouvert, ou Porteur de Brevet d'Apprentissage du moins de deux ans de demeure actuelle chez leur Maistre. Seront tenus de passer leur Declaration, & se faire inscrire sur le Registre de la Communauté qui sera tenu par les Gardes, pour estre ensuite par eux presenté à Monsieur le Lieutenant General de Police, & Procureur du Roy, afin d'estre par eux incorporez & admis à ladite Communauté, & prester le serment en tel cas requis pour l'observation des presents Statuts.

VIII.

Nul ne pourra estre reçû Apprentif étant marié, & qu'il ne soit originaire François, né Sujet du Roy, ou qu'il n'ait obtenu de Sa Majesté Lettres de naturalité dûëment verifiées ou besoin sera ; & seront obligez ceux qui voudront estre reçûs Marchands Epiciers, Ciriers & Confisseurs, faire Apprentissage de deux ans, demeurer en la Maison & Boutique du Maistre & servir actuellement, & exerçant ladite Marchandise, à peine de nullité. Lors de laquelle entrée sera passé Brevet d'Apprentissage devant Notaire qui sera dûement controllé & inseré par lesdits Gardes sur le Registre de la Communauté, pour estre ensuite presenté à Messieurs les Lieu-

tenant

tenant General de Police & Procureur du Roy ; pour faire leur Jurande, & payeront pour lors dix livres pour les besoins de la Communauté, & trois livres pour la Cire, & aprés les deux ans revolus & accomplis, ceux qui voudroient se faire recevoir Maistres, seront tenus de rapporter leur Brevet d'Apprentissage, avec la Quittance & Attestation du Maistre, comme il a esté bien & fidellement servi, & ne pourra chaque Maistre avoir & tenir qu'un seul Apprentif, & qu'il n'en pourra prendre qu'un an, aprés que celuy qu'il avoit sera sorty.

IX.

Ce fait, seront les Aspirans examinez par lesdits Gardes au sujet des Marchandises, & choses dependantes dudit Negoce : Et feront le Chef d'œuvre qui leur sera ordonné & prescrit par lesdits Gardes, & six des anciens nommez pour cet effet.

X.

Pour la confection duquel Chef-d'œuvre, il y aura dans la Chambre commune un Droguier pour estre fait par l'Aspirant Epicier le discernement des Drogues, concernant l'Epicerie & Droguerie : Et pour le Cirier sera fait un Cierge de douze onces de Cire blanche portant six pieds de longueur droit en méche, bien vuidé & percé droit, gravé & tort jusques au haut avec une Torche à trois cordons redoublez ſuivant l'ancien uſage : Et pour le Confiſſeur, il ſera fait pour Chef-d'œuvre une Confiture ſuivant la ſaiſon avec Sucre d'Orge & Praſtine, & Dragée.

XI.

Et ſi pour la confection d'iceluy l'Aſpirant eſt trouvé capable, il ſera admis à la Communauté, preſtant toutesfois le ſerment en tel cas requis & accoûtumé pardevant Meſſieurs le Lieutenant General de Police & Procureur du Roy, de bien & fidellement proceder au fait deſdites Marchandiſes, confection, vente & debit des Ouvrages dépendants, garder & obſerver les Ordonnances de Police, & Statuts d'icelle ; aprés lequel ſerment il luy ſera délivre une Lettre de Maiſtriſe du Chef-d'œuvre qu'il aura fait, preſence des ſix anciens appellez à la confection du Chef d'œuvre, laquelle Lettre ſera inſcritte ſur le Regiſtre de la Communauté.

XII.

Pouront les Enfans Mâles deſdits Marchands Droguiſtes, Ciriers, Epiciers & Confiſſeurs joüir des Privileges de leurs Peres, ſans eſtre tenu de faire Apprentiſſage, ny Chef-d'œuvre, mais de ſe preſenter ſeulement aux Gardes qui les recevront, aprés leur avoir fait preſter le ſerment devant Monſieur le Lieutenant General de Police, & payeront ſeulement la ſomme de dix livres pour les beſoins de la Cõmunauté.

XIII.

Les Veuves desdits Marchands pouront tenir Boutique ou Magasin ouvert, ainsi que pouvoient faire leurs deffuncts Maris, & ce tant qu'elles demeureront en viduité, sans toutesfois pouvoir tenir chez elle aucun Apprentif, à moins qu'il n'y fust du vivant de leurs Maris, au quel cas ils pouroient achever leur temps d'Apprentissage chez ladite Veuve, ou autres Maistres, si l'occasion le requiert.

XIV.

Nul ne pourra s'entremettre de vendre en détail, ou debiter aucunes Marchandises d'Epicerie, Droguerie, Ouvrages de Cire & Confiture, s'il n'est reçû Maistre; mais seront tenus tous les autres Marchands tant Forains, que de la Ville, Fauxbourgs & Banlieuë de vendre les Pieces, Balles, Caisses, Tonneaux, Barils, Panniers entiers & sous corde, sans pouvoir les debiter en détail, à peine de confiscation desdites Marchandises, & de vingt livres d'amende applicable, comme il est dit cy-dessus.

XV.

Nul ne pourra pareillement vendre aucuns Ouvrages en Cire, faire ny fournir Cierges, Flambeaux, Luminaires, Armoiries ou Ecussons, s'il n'a esté reçû Maistre, & fait Chef-d'œuvre audit exercice, ſur les peines portées cy-deſſus. Leſquels ouvrages ſeront de pure Cire, non mêlée, ny ſofiſtiquée de Graiſſe, ny Raiſine, le tout à ſeize onces pour livres, à la reſerve de la Bougie du Mans qui ſe vendra ſuivant l'uſage.

XVI.

Leſdits Marchands Epiciers, Ciriers & Confiſſeurs feront & vendront à l'excluſion de tous autres, toutes ſortes de Confitures ſeches & liquides, Pralines, Sucre d'Orge & Candy, Conſerves, Dragées de toutes eſpeces, & generalement toutes ſortes d'ouvrages compoſez de Sucre, & Fruits glacez & ſecs dependants de la Confiture, ſans qu'aucuns puiſſent s'en mêler, ſous peine de confiſcation deſdites Marchandiſes & Ouvrages, & de vingt livres d'amende applicable comme cy-devant.

XVII.

Pourront leſdits Marchands, Epiciers, Confiſſeurs, dont le principal negoce ſera de faire & vendre des Confitures, faire & vendre toutes ſortes de Maſſepains, Macarrons & Biſcuits faits d'Amandes & Sucre, & ſans farine, ſuivant l'ancien uſage des Confiſſeurs de la Ville de Caën, & autres Villes principales du Royaume, concurremment avec leſdits Maiſtres Patiſſiers de cette Ville, & ſans que les autres Maiſtres Epiciers qui ne ſeront pas actuellement

Confiſſeurs

Confiſſeurs puiſſent s'ingerer de faire ou vendre des Biſcuits, Maſſepains & Macarons.

XVIII.

Poûrront leſdits Marchands vendre en gros & en détail Oranges, Citrons, Grenades & autres Früits venans des Pays étrangers, Fromage venant hors la Province, Miels & Cire jaune, concurremment avec les Marchands Croquetiers, Beurriers de cette Ville.

XIX.

Leſdits Marchands Epiciers, Ciriers & Confiſſeurs fabriqueront & vendront en gros & en détail à l'excluſion de tous autres la Cire blanche, ainſi que toutes ſortes d'ouvrages, tant de Cire blanche, que jaune,

XX.

Pour obvier aux fraudes & monopoles qui ſe pouroient commettre par leſdits Marchands Forains ou autres de la Ville, en la vente de leurs Marchandiſes. Nul, ſoit Marchand Epicier, Cirier ou Confiſſeur, ou autre de quelque état ou vacation qu'il ſoit ne pourra faire Acte de Courtier ou Commiſſionnaire, vendre ny debiter aucunes Marchandiſes d'Epicerie, Droguerie, Groſſeries, Confitures pour étrangers, ou autres que pour eux, & à leur profit, ſoit par ſecrette Commiſſion ou autrement ; ſur les mêmes peines que deſſus.

XXI.

Deffendu à tous Hoſteliers de la Ville, Faux-bourgs & Banlieuë de Caen, d'expoſer, ny ſouffrir eſtre expoſé en vente chez eux, pour eux, ou pour Marchands Forains, Etrangers logeans en leur Maiſon, aucunes deſdites Marchandiſes, à peine de confiſcation & amende, & de répondre en leur nom de tous depens, dommages & intereſts : Leſquels Hôtelliers ſeront tenus d'avertir leſdits Marchands Forains & Etrangers logeants en leur Maiſon, qu'ils n'y en peuvent vendre, mais qu'ils ſeront tenus de faire porter leurs Marchandiſes au Bureau qui ſera étably pour en faire la viſite & vente deſdites Marchandiſes où elles ſeront expoſées en vente, à peine de confiſcation. Deffenſes à tous Marchands d'acheter leſdites Marchandiſes hors du Bureau, à peine de vingt livres d'amende. Ne pourront auſſi les Marchands Forains & Etrangers les faire offrir, ny vendre dans les ruës ou maiſons, par gens par eux preposez, mais ſeront choiſis par les Gardes Marchands, les Courtiers & Commiſſionnaires, qui ne pourront eſtre étrangers, mais du lieu, & connûs gens de bien & ſuffiſans pour répondre des fautes & malverſations, ſi aucunes ſont commiſes.

XXII.

Et pour empeſcher les larcins, & receler des Marchandiſes : Deffenſes ſont faites à tous Marchands, d'acheter ou prendre en gage aucunes ſortes ou eſpeces des Marchandiſes d'aucuns Serviteurs, Revendeuſes, ou perſonnes inconnuës ; mais enjoint à ceux à qui leſdites Marchandiſes ſeront apportées, de les retenir, & avertir les Gardes, ſur peine de reſtitution deſdites Marchandiſes, & de vingt livres d'amende, ſi leſdits Serviteurs ou Revendeuſes n'apportent une Atteſtation des perſonnes auſquelles appartiennent leſdites Marchandiſes, que les Acheteurs ſeront tenus de garder pour leur décharge.

XXIII.

Ne pourront leſdits Marchands Epiciers, Ciriers & Confiſſeurs tenir plus d'une Boutique ouverte, ſous quelque pretexte que ce ſoit : Et pour ceux qui ſeront engagez dans d'autres Profeſſions & Maiſtriſes, ne pourront eſtre reçûs Maiſtres, ſans faire Apprentiſſage & Chef-d'œuvre, comme dit eſt cy-devant. Et ſi aucuns ſe trouvent qui ayent fait Apprentiſſage pour le paſſé, les juſtifiront, & feront Chef d'œuvre ſeulement.

XXIV.

Dans lequel Etat, Negoce ou Commerce, leſdits

Marchands Epiciers, Ciriers & Confiſſeurs vendront & debiteront en détail, à l'excluſion de tous autres toutes Marchandiſes dépendantes de leur Negoce & Commerce, à l'inſtar des Epiceries ſimples qui ne ſont point Apoticaires des Villes de Paris & Roüen, ainſi qu'elles ſont énoncées cy-aprés par Ordre Alphabetique, ſans pouvoir vendre ny debiter aucunes Drogues compoſées & preparées, concernant l'etat d'Apoticaire, à peine de dix livres d'amende, applicable comme deſſus, & de tous dépens dommages & intereſts envers leſdits Apoticaires.

XXV.

A.

Agaric, Alloüés de toutes ſortes, Aluns de toutes eſpeces, Amandes de toutes ſortes, Amidon, Amomon, Anis, Antimoine de toutes eſpeces, Arcanſon, Ariſtoloche, Arſenix, Aſpalat ou Bois d'Aloüez de toutes eſpeces, Avelines, Aimant, Azur de toutes ſortes, Aſafetida, Ametiſtes, Abſinthe, Angelique, Aglus, Amadou, Acacia, Ambre gris.

B

Balauſtres, Baleine, Barbotine, *non ſemen contrá*, Baume blanc, ou vray Baume, Baye de Genievre, Baye de Lion, Bein blanc & rouge, Belledenuit ou Jalap, Beinjoüin, ou Encens de toutes les eſpeces,

Bezoüards

Bezoüards, Blanc de Baleine, Blanc de Plomb, Bois d'Inde, Bois de Frenambourg, Bois de Bresil, & tous autres concernans l'Epicerie & Teinture, Borax, Bols de toutes sortes, Bray de toutes sortes, Brignolles.

C.

Cacaos ou Chocolat, Cadmie ou Tutie; Caffé, Camphre, Canelles de toutes sortes, Cantarides, Capres, Carabé, Carmin, Cartame, Casse, Cassonade, Cedre, Cendrée de toutes especes & couleurs, Corne de Cerf, Chaa ou Thé, Colloquinte, Cinnabre, Cloux de Gerofle, Cochenille, Chocolat, Colle de Poisson & de toutes especes, Coque de Levant, Corail, Coquo, Coraline, Coriande, Couperose, Crais de Brianson & de toutes especes, Crême de Tartre, Cumin, Cristal-Mineral, Candy de toutes especes, Cachou, Calembourg.

D

Dattes, Dictame blanc ou Scammonnée, Dents d'Elephant, Dents de Loup Marin.

E

Ecorce de Gerofle, Elemy, Ellebore, Emery, Enchpis, Email, Epitime, Eponge, Esprits ou Essence de Theribentine, Esquine, Etaim en feuille,

Euphorbe, Ecorce de Citron, Email en Tablette, Eau forte & autres, Ecaille Tortuë.

F

Fenoüil, Fenugran, Figues, Fleurs de Grenade, Fleurs de Muſcade, Fleurs de Souffre, Feüille d'inde, Fleurs d'Oranges & autres.

G

Gallanga, Galbanum, Gallipot, Galles, Garence de toutes eſpeces, Gayac, Gentienne, Gingembe, Genieure, Gomme de toutes eſpeces, Gerofle, Gouldran, Graine d'Avignon & de toutes eſpeces, concernant l'Epicerie, Gravelle, Gremil Gomme gutte.

H

Hermodat, Hyacinte, Houblon, Huilles de toutes ſortes, concernant l'Epicerie.

I

Jus de Regliſſe, Jalap, Indigo, Inde plat, Iris de Florence, Jujebes.

K

Krabé jaune & blanc.

L

Labdanum, Lacq de toutes eſpeces, Liege, Limaille, Litarge, Lupins, Lins étrangers & Picardie.

M

Macis, Maniguette, Manne, Mastiq, Masicot, Mercure, Minium, Mil, Muscades, Mirabolans, Myrrhe, Michoacam.

N

Nacre, Nard, Navette, Nitre, Noir de fumée, Noix vomiques.

O

Ocre, Oliban, Olives, Opoponax, Orcanelle, Or en coquille en feüille, & de toutes especes, Orge mondé, Orpin, Orseille, Os de Cerf, Ode seche, Outremer.

P

Prunes séches, Pruneaux, Papier gris & bleu à l'usage de l'Epicerie, Peaux de Chien Marin, Perce-pierre, Pignon d'Inde, Pillette, Plomb, Poix grasse Presles, Polipode, Poivre de toutes especes, Pinceaux, Pierre de Ponce, Poudre à Giboyer, Pierre à Fusil, Pierre noire.

Q

Quinquina.

R

Raisins, Reglisse, Ris du Levant, Roses de Provins, Rocourt rouge, brun & autres, Rubarbe, Reagal, Rouzinne, Ris de toutes sortes d'especes.

S

Saffran, Sagapinum, Sandaracq, Sang de Dragon, Sanguine, Santail, Salse pareille, Sasafraze, Savon de toutes especes, Sebestre, sel Armoniac, Sel de Verre, sel de Gennes, selpestre, semence froide & chaude, sené, soude de toutes especes, souffre, stafizaigre, storax, sucres de toutes especes, sommac, senegrée, seruze.

T

Tamarins, Tartre, Therebentine, Terre de toutes especes, Tournesol de toutes especes, Tripoly, Trufle, Tutie, Terra merita, Tubé, Teste de cloux Tabac, quand il plaira au Roy le rendre marchand.

V

Vanille, Verdet, Vermillon, Verd de Montagne & autres, Vitriol blanc & bleu, Voide, Vaude, Vernis, vif Argent.

Y

Yeux d'Ecrevisse, Yvoire non œuvré.

Zain

Zain, & generalement toutes sortes de Marchandises concernant ledit Negoce d'Epicerie, Droguerie.

XXVI.

A l'exclusion de tous autres, lesdits Marchands Epiciers & Confiseurs vendront & distribuëront en détail toutes sortes d'Huilles, Sucres, Savons, Poivres, Gerofles, Canelles, Muscades, & generalement toutes sortes de Drogueries & Epiceries en dépendantes dudit Commerce, sans que le present Article ny autre donne aucune atteinte à la Pharmacie, ny à l'Apotiquerie, ny à la vente en gros permis à toutes personnes.

XXVII.

Lesdits Marchands Epiciers feront concurremment avec les Marchands Merciers le detail du plomb de toutes sortes d'especes, soit en saumont, soit moulé & fabriqué, cotton filé & non filé, fil de chanvre & lin servant à faire meche & au travail de la cire, chanvre & lin écrû, cordes & filets, pipes à fumer & poisson sallé, sans prejudicier ceux qui pourroient avoir droit de vendre & debiter lesdites Marchandises.

XXVIII.

Et parce que lesdits Marchands Epiciers, Ciriers & Confisseurs sont souvent contraints de faire de longs voyages aux pays étrangers pour le recouvrement & achapt de leurs Marchandises où ils hazardent leurs personnes & leurs biens, & ne trouvant point de marchandises de leurdit negoce, ils sont contraint pour sauver partie de leurs frais d'acheter & prendre en troq & échange d'autres marchandises que dudit negoce, pourront lesdits Marchands faire venir librement à leurs risques & perils tant par mer que par terre, des pays étrangers & Provinces de Notre Royaume, toutes sortes de Drogueries & Epiceries & autres Marchandises en payant les droits accoutumez, & icelles vendre chez eux pour leur compte & profit, sans toutefois pouvoir vendre en detail d'autres Marchandises que celles dudit Negoce, Signez L'homme, P. Delaveyne, Thiment, & cotté au bas des pages, & signé à la fin Gosselin de Noyers.

Collation faite sur la Minute étant au Greffe, & y deposée ce jourd'hui en execution de l'Ordonnance, étant au bas desdits Statuts, de Monsieur de Noyers Lieutenant General de Police à Caen, de cedit jour par Moy Greffier audit Siege, le trente de Septembre mil sept cens seize.

PIERRE.

Lesdits Statuts ont été registrez aux Registres de la Cour, pour estre executez selon leur forme & teneur & jour, par les impetrants de l'Ecrit & contenu d'iceux suivant l'Arrest de la Cour, donné la Grande Chambre assemblée le dix-sept Decembre mil sept cens seize.

AUZANET.

SENTENCE DE POLICE.

DEvant Nous Louis Gaspard Gosselin, Ecuyer Seigneur, & Patron de Noyers, Conseiller du Roy, Lieutenant General de Police à Caen sur la Requeste à Nous presentée par les Maistres Epiciers, Ciriers & Confisseurs dudit Caen, expositive qu'en conformité d'un Arrest du Conseil en datte du quatre May mil sept cens seize, contradictoirement rendu avec les Maistres Merciers & Patissiers de cette Ville, & lesdits Epiciers, Ciriers & Confisseurs impetrants de Lettres de Maitrises, à eux accordées par Sa Majesté au mois de Novembre dernier, enregistrées au Parlement de Normandie, par Arrest du dix-sept Decembre dernier: Il est necessaire que tous lesdits Actes soient registrés en notre Greffe, pour être executez selon leur forme & teneur, & ordonner que lesdits Statuts seront affichez aux places publiques de cette Ville, afin que tous les Marchands qui sont en Magazin, ou qui ont Boutiques ouvertes, ou ceux qui seront porteurs de marchés d'aprentissage de deux ans au moins deuëment en forme, se fassent inscrire dans la quinzaine du jour de la Publication & Affiche desdits Statuts, faute de quoy & ledit temps passé, ils seront declarez non recevables à la Maitrise dudit Métier : A ces Causes, il vous plaise ordonner que l'Arrest du Conseil du quatre May mil sept cens seize, les Lettres Patentes du mois de Novembre, suivant & l'Arrest d'Enregistrement du dix-sept Decembre dernier, seront enregistrées en notre Greffe, & permettre ausdits Maitres Epiciers, Ciriers & Confisseurs, de faire publier & afficher les susdits Statuts aux places publiques de cette Ville, afin que tous les Marchands qui sont en Magazin, ceux qui ont Boutique ouverte, & ceux qui seront porteurs de marchés d'apprentissage de ladite Profession de deux ans au moins, deuëment en forme, se fassent inscrire dans la quinzaine du jour de la Publication & Affiche desdits Statuts, faute de quoy & ledit temps passé, ils y seront declarez non recevables à la Maitrise dudit Metier : VEU ladite Requeste signée de la Ruë, de Laveyne, Thiment, & Duval, du trente Decembre dernier, notre Ordonnance dudit jour d'être communiquée à Maitre Desliée Avocat pour l'absence du Procureur du Roy, ensemble lesdits Statuts, Lettres Patentes accordées ausdits Epiciers, Ciriers & Confisseurs du mois de Novembre dernier, l'Arrest d'Enregistrement d'iceux au Parlement de Roüen du dix-sept Decembre dernier. Conclusions dudit Maistre Déliée pour le Procureur du Roy. NOUS AVONS Ordonné que lesdites Lettres Patentes, Statuts & Arrest d'Enregistrement du Parlement de Roüen, seront enregistrez en nostre Greffe, pour estre observez par tous lesdits Maistres Marchands Epiciers, selon leur forme & teneur, & en consequence les Maistres Marchands Epiciers dénommez dans la Requeste du cinq Decembre mil sept cens treize, s'assembleront au Convent des Peres Cordeliers de cette ville, pour nommer quatre Deputez, lesquels auront un Registre de nous cotté & paraphé, pour écrire le nom de tous ceux, qui ayant les qualitez & conditions requises, voudront joüir de la Maistrise de ladite Profession : Pourquoy Nous avons Ordonné ausdits Marchands Epiciers, Ciriers & Confisseurs de faire afficher & publier les Statuts par tout où il appartiendra, afin que lesdits Maistres Epiciers, qui sont actuellement en Boutique ou en Magasin ayent à s'y conformer & à faire inscrire leurs Noms dans le Registre de la Communauté, dont le Deputé sera Porteur, ainsi que ceux qui sont Porteurs de marché d'Apprentissage de deux ans au moins en bonne forme, & ce dans la quinzaine de la Publication de la presente Sentence, & à faute de ce faire ils ne pouront plus être reçûs à la Maistrise, qu'aprés avoir fait leur Apprentissage, aux conditions portées par lesdits Statuts Donné à Caën le deuxiéme jour de Janvier mil sept cens dix-sept.

La Minute signée Gosselin de Noyers : Et plus bas est écrit, ledit jour & an que dessus lesdits Statuts, Lettres Patentes & Arrest cy-devant mentionnez, ont esté enregistrez au Greffe de ce Siege : Ce fait, lesdites Pieces renduës aux Maistres Epiciers, Ciriers & Confisseurs, Ce qu'ils ont signé. SI DONNONS en Mandement au premier Huissier ou Sergent Royal sur ce requis, la presente executée selon sa forme & teneur, Instance desdits Maistres Epiciers Ciriers & Confisseurs. Fait comme dessus.

Signé, PIERRE.

Scellé á Caën, ce *4.* Janvier *1717.* Controllé ce dixiéme MANEGOT.

Ceux qui prétendront à la Maistrise de Marchand Epicier, Cirier & Confisseur, s'addresseront chez Monsieur de la Ruë Marchand Epicier, demeurant proche la Poissonnerie, lequel recevra leurs noms, dont il rendra compte aux Deputez de la Commuñauté ; qui examineront les titres & qualitez de ceux qui devront estre admis dans ladite profession ; lesquels y seront reçûs en payant également par tête leur cotte-part des frais faits pour l'établissement de ladite Maistrise.

JE reconnois avoir reçû de
la somme de pour sa cotte-part des frais qu'il a convenu faire pour l'établissement de la Maistrise des Maistres Epiciers, Ciriers & Confisseurs de cette Ville de Caen, suivant le Rolle rendu executoire par Mr. de Noyers en datte du
Fait ce

EXTRAIT DES REGISTRES DU CONSEIL D'ESTAT PRIVÉ DU ROY.

VEU au Conseil d'Estat Privé du Roy, l'Arrest qui y a esté rendu ce vingt-deux Juillet mil sept cens quinze entre les Maistres Patissiers de la Ville de Caën, Demandeurs aux fins des Lettres de Commission par eux obtenuës en la grande Chancellerie, & Assignation donnée au Conseil en consequence, les sept & treize Janvier mil sept cens-treize d'une part, & les Epiciers, Ciriers & Confisseurs de ladite Ville de Caën, Deffendeurs d'autre part : Et encore entre lesdits Epiciers, Ciriers & Confisseurs, Demandeurs aux fins des Lettres, & assistance de Cause par eux obtenuë au grand Sceau, & Assignation donnée en consequence des dix-neuf, vingt & vingt-trois Juin mil sept cens-quatorze, & de la Requeste inserée en l'Arrest du six Aoust mil sept cens quatorze d'une part, & la Communauté des Marchands Merciers,

Drapiers Deffendeurs d'autre, & encore entre lesd. Maitres Patissiers Demandeurs aux fins de leur Requête verbale inserée au Procez Verbal du vingt May mil sept cens quinze d'une part, & lesdits Epiciers, Ciriers & Confisseurs Deffendeurs d'autre, & encore entre lesdits Maistres Patissiers de ladite Ville de Caën Demandeurs aux fins de leurdite Requeste inserée en l'Arrest du six May mil sept cens quinze d'une part, & lesdits Epiciers, Ciriers & Confisseurs Deffendeurs d'autre part, & par lequel Arrest Sa Majesté avant faire droit sur ladite Instance, a renvoyé les Parties pardevant le Sieur Guynet Commissaire Départy en la Generalité de Caen, pour les entendre dresser Procez Verbal de leurs decords & contestations, & donner sur le tout son avis, pour iceluy vû & rapporté au Conseil, estre ordonné ce qu'il appartiendra dépens reservez, ensuite la Signification qui a esté faite dudit Arrest le trente Aoust mil sept cens quinze, l'Avis dudit Sieur Intendant au pied de son Procez verbal fait en execution dudit Arrest contenant ledit Procez Verbal, les Comparutions, Delays, Requisitions, & Contestations des Parties, & ledit Avis portant que sous le bon plaisir de Sa Majesté il y a lieu d'ordonner que les Marchands Confisseurs, Epiciers, Ciriers de la Ville de Caën, dont le principal commerce sera de faire & vendre des Confitures, pourront faire & vendre des Biscuits Massepains & Macarons d'Amandes sans Farine, concurremment avec les Patissiers, & sans que les autres Epiciers, Ciriers qui ne seront pas actuellement Confiseurs, puissent l'ignorer de faire ou vendre des Biscuits, Macarrons & Massepains & à cet effet que l'article quatre des Statuts des Patissiers sera reformé en ce qui y sera contraire, comme aussi que le commerce en détail de toutes sortes d'Epiceries & Drogueries sera fait par les Epiciers, Ciriers seuls à l'exclusion des Merciers, & que lesdits Epiciers feront encore concurremment avec les Merciers le commerce en détail de Plomb, Cotton fillé, & non fillé, de Fil de Chanvre & Lin, servant à faire Méche à brûler, & au travail de la Cire, Chanvre écrû, Cordes & Fillets, ledit Arrest signé, GUYNET : Vû aussi les Productions respectives des Parties, Titres & Pieces visées & énoncées dans le susdit Arrest du Conseil du vingt-deux Juillet mil sept cens quinze : Ensemble les Requestes & Conclusions des Parties qui y sont pareillement énoncées tendantes, sçavoir, de la part desdits Maistres Patissiers par leur Inventaire de production, servant d'avertissement à ce qu'ils soient maintenus conformément à l'Article quatre de leurs Statuts homologuez par Lettres patentes de Sa Majesté, dans la permission de faire seuls, & à l'exclusion de tous autres, les Biscuits, Massepains & Macarrons tant d'Amande, que de Paste, faire deffenses ausdits Epiciers, Ciriers, Confiseurs, d'en faire ny debiter de quelque sorte que ce puisse estre, à peine de cinq cens livres d'amende, & les condamner en tous les dépens : Et de la part desdits Epiciers, Ciriers, Confisseurs par leur avertissement, servant d'Inventaire de production, à ce qu'il leur soit donné Acte, de ce qu'ils s'opposent aux prétendus Statuts desdits Maitres Patissiers, en ce qu'il est porté Article quatre, que lesdits Patissiers feront à l'exclusion de tous autres, des Biscuits en Amande, Macarrons & Massepains de toutes especes ; ce faisant, ordonner que les Confisseurs de la Ville de Caen seront seuls, ou du moins concurremment avec lesdits Patissiers les Biscuits Massepains & Macarrons en Amande, & sans Farine, conformement aux Statuts desdits Epiciers, Ciriers & Confisseurs qui sont actuellement au Serau ; & en consequence que la Saisie faite sur le sieur Daveyne l'un desdits Confisseurs de quelques Biscuits en Amande, sera déclarée nulle, & que Deffenses seront faites ausdits Patissiers de troubler ledit Daveyne & autres Confisseurs dans la Faculté de faire & de vendre lesdits Biscuits, Massepains & Macarrons en Amande sans farine, & ce nonobstant toutes Sentences du Lieutenant General de Police de Caën qui pouroient estre intervenuës, & condamner en outre lesdits Patissiers aux dommages & interests desdits Epiciers, & aux dépens. Autres Conclusions desdits Epiciers, Ciriers & Confisseurs par leur Requeste inserée en l'Arrest du Conseil du six Aoust mil sept cens-quatorze, a ce que les Lettres Patentes surprises par lesdits Patissiers

tiſſiers au mois de Juillet mil ſept cens treize, confirmatives de leurſdits prétendus Statuts ſoient déclarez obreptiles & ſubreptiles, en ce que par l'Article quatre deſdits Statuts, il eſt porté que leſdits Patiſſiers feront à l'excluſion de tous autres, des Biſcuits en Amandes, Macarrons & Maſſepains de toutes eſpeces : Faire deffenſes auſdits Patiſſiers de ſe ſervir deſdites Lettres à l'égard deſdits Epiciers, à peine de tous dépens, dommages & intereſts, & au ſurplus leur adjuger leurs Concluſions cy-deſſus expliquées. Declarer pareillement les Lettres Patentes ſurpriſes par les Merciers de la Ville de Caën au mois de Juin mil ſix cens ſoixante-douze, confirmatives de leurs prétendus Statuts obreptiles & ſubreptiles, en ce que par l'Article onze deſdits Statuts, il eſt porté que leſdits Merciers vendront & debiteront en gros & en détail toutes ſortes de Drogueries, Epiceries, Teintures & Cires, concurremment avec leſdits Epiciers, Ciriers & Confiſſeurs, comme auſſi qu'ils vendront ſeuls, & à l'excluſion de tous autres, le Plomb en Saumont moulé & fabriqué, Cotton, Chanvre, Lin filé & non fillé, Cordes, Ficelles ; Fils & Fillets de toutes ſortes & qualité Françoiſes & Etrangeres. Faire deffenſes auſdits Merciers de ſe ſervir deſdites Lettres à l'égard deſdits Epiciers, Ciriers, Confiſſeurs, à peine de tous dépens, dommages & intereſts, & en conſequence ordonner conformement aux Articles quatorze, dix-huit, vingt-cinq & vingt-ſix des Statuts desdits Epiciers, Ciriers & Confisseurs qui sont actuellement au Sceau & entre les mains de Monsieur le Châcelier, que lesdits Epiciers, Ciriers, Confisseurs seront seuls en droit & faculté de vendre en detail toutes sortes de drogueries, epiceries, cire blanche & jaulne, confitures & teintures, faire deffenses ausdits merciers de vendre & debiter lesdites marchandises sinon en gros sous balle & sous corde, le tout conformement aux Statuts des Epiciers de Paris & de Rouen, & qu'à l'égard des cottons, plombs de toutes especes, filasses étrangeres, & autres fils & fillets servant à faire meche, pipes à fumer, poisson sallé; il sera permis ausdits Epiciers, Ciriers, Confisseurs de les vendre & debiter concurremment avec lesdits Merciers, conformement au vingt septiéme Article des Statuts desdits Epiciers, Ciriers Confisseurs, auquel effet il sera passé outre aux Statuts desd. Epiciers, Ciriers, Confisseurs, pour estre executé selon leur forme & teneur, & de la part de la Communauté des Marchands Drapiers, Merciers par leur avertissement servant d'Inventaire de production, à ce qu'ayant égard à l'opposition qu'ils ont formée au projet des Statuts proposez par lesd. Epiciers, Ciriers, Confisseurs, il soit ordonné que l'article onze des Statuts de la Communauté desdits Drapiers, Merciers homologuez par Lettres Patentes de Sa Majesté du mois de Juin mil six cens soixante-douze seront executez selon leur forme & teneur, & conformément à icelles maintenir & garder lesdits Drapiers, Merciers dans le Droit,

Faculté & Possession qu'ils ont toûjours eû de vendre & debiter en gros & en détail toutes sortes d'Epiceries, Drogueries, Teintures, & autres mentionnez dans l'Article onze desdits Statuts, & ce concurremment avec lesdits Epiciers, Ciriers, Confisseurs, & à l'égard des autres Marchandises comprises & énoncées dans ledit Article, qui sont de pure Mercerie, comme le Plomb en Saumont ou moullé & fabriqué, Cottons, Chanvres, Lins filez & non filez, Cordes, Ficelles & Fillets de quelque sorte & qualité qu'ils soient, & autres Marchandises qui ne sont point comprises sous le nom de Droguerie & Epicerie. Que lesdits Drapiers & Merciers seront maintenus seuls, à l'exclusion desdits Epiciers, Ciriers, Confisseurs, de vendre en gros & en détail lesdites Marchandises ; & en consequence qu'elles seront rayées & biffées du projet des Statuts qu'ils ont presenté, & qu'il leur sera fait deffenses d'entreprendre sur le Métier de Drapier, Mercier, ny de les troubler en aucune maniere que ce soit. Condamner lesdits Epiciers, Ciriers, Confisseurs aux dépens. Autres Conclusions desdits Patissiers par leur Requeste verbale inserée au Procez Verbal du vingt May mil sept cens quinze, á ce qu'avant de passer outre au jugement de l'Instance, lesdits Epiciers, Ciriers & Confisseurs seront condamnez en tous les dépens qui ont esté faits jusques au jour qu'ils se sont restraints a demander le pouvoir de faire les ouvrages dont il s'agit pour les ſeuls d'entr'eux qui ſeront Confiſſeurs ; c'eſt-à-dire juſques au cinq May mil ſept cens quatorze, jour de leur avertiſſement, contenant Inventaire de Production, attendu qu'ils ont entierement changez l'eſtat de la conteſtation, non-ſeulement par le deſiſtement mais encore par toutes les autres raiſons qui ont eſté obſervées ſans préjudice des autres. Concluſions que leſdits Patiſſiers ont priſes & prendront dans le cours de l'Inſtance. Autres Concluſions deſdits Patiſſiers par leur Requeſte inſerée en l'Arreſt du Conſeil du ſix May mil ſept cens quinze, à ce qu'il pluſt au Roy & à ſon Conſeil joindre à l'Inſtance principale les deux Incidens auſquels les Procez Verbaux des ſept Decembre mil ſept cens-quatorze & vingt-deux Février mil ſept cens quinze ont donné lieu de renvoyer les Parties devant les Juges ordinaires, au cas que Sa Majeſté trouve qu'il y ait lieu de l'inſcrire en faux contre le Procez Verbal du ſept Decembre mil ſept cens-quatorze, & qu'il ſoit aſſez important pour meriter une Inſtruction Criminelle. Autres Concluſions deſdits Patiſſiers par leur Requeſte inſerée dans l'Arreſt du vingt-trois Mars mil ſept cens ſeize, á ce qu'il plût á Sa Majeſté joindre á l'inſtance principalle & pendante au Conſeil d'entre les parties l'appel interjetté par ledit Daveyne au Parlement de Rouen, de la Sentence renduë par le Lieutenant General de Caen le vingt Novembre mil ſept cens cinq, ſauf á disjoindre s'il y echet faire deffenſes audit Daveyne de faire aucune pour-

ſuite

ſuite audit Parlement ſur ledit Appel, juſqu'á ce qu'il en ait eſté autrement ordonné par Sa Majeſté, comme auſſi faire deffenſes au Juge de Police de connoître d'aucuns des differents d'entre les Parties, juſqu'á l'Arreſt Diffinitif qui doit intervenir. Condamner ledit Daveyne aux depens. Copie d'un Relief d'Appel obtenu en la Chancellerie par le Parlement de Roüen le vingt-ſept Novembre mil ſept cens-quinze par Pierre Daveyne, ſur l'Appel par luy interjetté audit Parlement d'une Sentence renduë par le Lieutenant General de Police le *20.* Novembre *1715.* Enſuite l'Aſſignation donnée en conſequence auſdits Maiſtres Patiſſiers au Parlement de Roüen le premier Février *1716.* ſur la Requeſte deſdits Maiſtres Patiſſiers inſerée dans l'Arreſt cy-aprés, & dont les Concluſions ſont cy-devant extraittes. L'Arreſt du Conſeil rendu ſur ladite Requeſte qui la jointe à l'Inſtance, pour en jugeant, y avoir tel égard que de raiſon ſauf à disjoindre s'il y échet, du *23.* Mars *1716.* Acte par lequel ledit Daveyne a declaré auſdits Maiſtres Patiſſiers, qu'il eſt venu exprés en cette Ville pour y pourſuivre le Jugement de ladite Inſtance, du *30.* Avril *1714.* Copie de la Requeſte des Epiciers, Ciriers & Confiſſeurs employée pour ſatisfaire au Reglement du *6.* May *1715.* Du *26,* Mars *1716.* Acte deſdits Epiciers, Ciriers & Confiſſeurs employée pour réponſe à la Requeſte des Patiſſiers, inſerée dans l'Arreſt du *23.* Mars *1716.* en datte du I. Avril *1716.* Sentence du Juge de Police de Caën du *20.* Novembre *1715.* entre ledit Daveyne & lesdits Patissiers, par laquelle les Parties ont esté reçûës en Procez ordinaire, ce faisant les Informations faites à la *R*equeste de Daveyne ont esté converties en Enqueste. Acte d'élargissement de la personne de Loüis Bellanger de persone de Caën du *25.* Février *1715.* en consequence de l'Ordre dudit Sieur Intendant. Acte de protestation de nullité des Patissiers du *29.* Fevrier *1716.* de l'Assignation à eux donnée à la Requeste dudit Daveyne au Parlement de Roüen par exploit du premier Février, attendu que le Conseil est saisi des contestations des Parties. Acte des Epiciers, Ciriers & Confisseurs du premier Avril *1716.* portant qu'ils employent leur dire, signifié le même jour pour réponse à l'Arrest du Conseil du *23.* Mars *1716.* Requeste desdits Patissiers employée pour satisfaire à l'Arrest du *23.* Mars *1716.* Du quinze Avril precedent, Contredits desd. Epiciers contre ladite Requeste du *18.* du même mois d'Avril : Et generallement tout ce qui a esté remis & produit par-devers le Sieur de Barillon Chevalier, Conseiller du Roy en ses Conseils, Maistre des Requestes ordinaire de son Hostel, Commissaire à ce deputé. Oüy son Rapport, aprés en avoir communiqué au Bureau du Sieur Darmenouville Conseiller d'Estat ordinaire. Et tout consideré : LE ROY EN SON CONSEIL faisant droit sur le tout, a reçû & reçoit lesdits Epiciers, Ciriers & Confisseurs de la Ville de Caën Opposants aux Statuts desdits Patissiers du

29. May 1713. & aux Lettres Patentes & confirmatives d'iceux du mois de Juillet ſuivant, en ce que par l'article quatre deſdits Statuts, il eſt porté que leſdits Patiſſiers feront ſeuls, & à l'excluſion de tous autres, les Biſcuits en Amandes, Macarons & Maſſepains de toutes eſpeces ; ce faiſant, ordonne que les Epiciers, Ciriers, Confiſſeurs de la Ville de Caën, dont le principal Commerce ſera de faire & vendre des Confitures, feront & debiteront concurremment avec les Patiſſiers de la même Ville les Biſcuits, Macarrons & Maſſepains en amande & ſans farine, ſans que ceux des Epiciers, Ciriers dont le principal Negoce ne ſera pas la Confiture puiſſent s'ingerer de faire, vendre ny debiter leſdits Biſcuits, Maſſepains & Macarrons : Et à cet effet ſéra l'Article quatre deſdits Statuts des Patiſſiers reformé, quand á ce, reçoit pareillement Sa Majeſté leſdits Epiciers de ladite Ville oppoſants aux Statuts des Merciers de la même Ville, & Lettres patentes du mois de Juin mil ſix cens ſoixante-douze confirmatives d'iceux, en ce que par l'Article onze deſdits Statuts deſdits Merciers, il eſt porté qu'ils vendront & debiteront en détail toutes ſortes de Marchandiſes d'Epicerie, Cire & Droguerie, concurremment avec leſdits Epiciers, Ciriers & vendront ſeuls, & à l'ecxluſion de tous autres, le Plomb en ſaumont, moulé & fabriqué, les Cottons Chanvre, Lin fillé & non fillé, Corde, Ficelle, Fils & Fillets de toutes ſortes de qualité françoiſe & étrangere : Ce faiſant, ordonne ſa Majeſté que leſdits Epi-

ciers, Ciriers feront ſeuls, & à l'excluſion de tous autres, le Commerce en détail de toutes ſortes de Marchandiſes d'Epicerie & de Droguerie, permis néanmoins auſdits Merciers de faire le Commerce deſdites Marchandiſes en gros, ſous balles & ſous cordes : Et quand au Commerce des Plombs de toutes eſpeces, ſoit en Saumont, ſoit moulé & fabriqué, Cotton fillé & non fillé, Fil de Chanvre & Lin ſervant à faire méche & au travail de la Cire, Chanvre & Fil écrû, Corde & Fillets, Pipes à fumer & Poiſſon ſalé : Ordonne Sa Majeſté qu'il ſera fait en détail tant par leſdits Epiciers, que par leſdits Merciers concurremment, à l'effet de quoy les Statuts deſdits Merciers ſeront reformez. Les ſuſdits Statuts & Lettres Patentes au ſurplus executées ſuivant leur forme & teneur, & Lettres Patentes ſeront expediées confirmatives des Statuts deſdits Epiciers, Ciriers, Confiſſeurs, aprés qu'ils auront eſté reformez conformément au preſent Arreſt, & ſur les demandes deſdits Patiſſiers portées par leurs Requeſtes, inſerées és Arreſts des ſix May ſept cens quinze, & vingt-trois Mars ſept cens ſeize. Renvoye Sa Majeſté les Parties par devant les Juges qui en doivent connoiſtre pour y proceder ſuivant les derniers erremens : Tous dépens compenſez. FAIT au Conſeil d'Eſtat Privé du Roy. Tenu à Paris le quatre may mil ſept cens ſeize.

Signé, HATTE.

Collationné.

LE douxiéme May mil ſept cens ſeize ſignifié, laiſſé Copie à Maitre le Vaſſeur & Bunel Avocats adverſes en leurs Domiciles à Paris, parlant à leurs Clercs, par Nous Huiſſier ordinaire du Roy en ſes Conſeils.

Signé, MELLE.

EXTRAIT DES REGISTRES DE LA COUR DE PARLEMENT.

VEU par la Cour, la grande Chambre assemblée, la Requeste presentée à icelle par les Marchands Epiciers, Ciriers & Confisseurs de la Ville, Fauxbourgs & Banlieuë de Caën, à ce qu'il plaise à ladite Cour ordonner que les Lettres Patentes a eux accordées par Sa Majesté à Paris au mois de Novembre dernier, par lesquelles sadite Majesté approuve, authorise & confirme les Statuts de leurdit Métier au nombre de vingt-huit Articles. Seront enregistrez és Registres de ladite Cour : Ensemble lesdits Statuts pour estre executez selon leur forme & teneur, & joüir par lesdits Marchands Epiciers, Ciriers & Confisseurs de l'effort tant desdites Lettres Patentes, que desdits Statuts, Arrest estant sur ladite Requeste en datte du quatriéme de ce mois portant, soit communiquée au Procureur General du Roy, lesdites Lettres Patentes cy-dessus dattées, Lesdits Statuts reçûs devant le Juge de Police de Caën le trentiéme de Septembre dernier par Ordonnance dudit jour. Conclusions du Procureur General du Roy : Et oüy le Rapport du Sieur Demarest Conseiller-Commissaire : Tout consideré. LA COUR, la grande Chambre assemblée, a ordonné & ordonne que lesdits Statuts & Lettres de Confirmation d'iceux seront enregistrez és Registres d'icelle pour estre executées selon leur forme & teneur, excepté en ce qui est porté en l'Article vingt-&-un desdits Statuts, que les Hosteliers de la Ville de Caen seront responsables en leur nom des dépens, dommages & interests des Maistres & Gardes dudit Métier, lorsque les Marchands Forains & Etrangers exposeront en vente chez eux des Marchandises dudit Métier, & que la vente ne s'en pourra faire ailleurs que dans le Bureau desdits Maistres & Gardes, à peine de vingt livres d'amende, & en ce qui est porté à la fin du même Article, que les Marchands Forains & Etrangers seront tenus de se servir de Courtiers choisis par les Maistres & Gardes. Sur quoy faisant droit sur le Requisitoire du Procureur General du Roy, a ordonné & ordonne que lesdits Marchands Forains & Etrangers ne pouront vendre ny exposer en vente les Marchandises dudit Métier dans les Auberges, ny ailleurs, avant qu'elles ayent esté visitées par les Gardes : Pourquoy seront tenus de les faire porter dans le Bureau, qui pour cet effet sera étably pour en estre aussi-tost fait la Visite par lesdits Gardes, à peine de confiſcation deſdites Marchandiſes, aprés quoy pourront leſdits Marchands Forains & Etrangers les retirer dudit Bureau pour les vendre ainſi qu'ils aviſeront bien, en obſervant néanmoins ce qui eſt porté par l'Article quatorze des mêmes Statuts, ſans eſtre obligé de ſe ſervir de Courtiers, s'ils ne le jugent à propos, leſquels Courtiers ne pourront eſtre autres que ceux reçûs par les Conſuls en la maniere ordinaire. FAIT à Roüen en Parlement, la grande Chambre aſſemblée le dix-ſeptiéme jour de Decembre mil ſept cens-ſeize,

Controllé BELLIARD.

AUZANET.

LOUIS PAR LA GRACE DE DIEU, ROY DE FRANCE ET DE NAVARRE: A nos Amez & Feaux Conſeillers les Gens tenans noſtre Cour de Parlement de Roüen, & autres Juges qu'il appartiendra. SALUT: Par l'Arreſt cy-attaché ſous le Contreſcel de noſtre Chancellerie, ce jourd'huy rendu en noſtre Conſeil d'Eſtat Privé entre les Parties y nommées; Nous avons entre autres choſes

Ordonné que sur les Demandes y énoncées, elles procederont par-devant les Juges qui en doivent connoistre suivant les derniers erremens : A CES CAUSES, Nous vous mandons & ordonnons chacun en droit soy leur rendre bonne & brieve Justice. Commandons au premier nostre Huissier ou Sergent sur ce requis, faire pour l'entiere execution de nostredit Arrest, à la Requeste des Epiciers, Ciriers & Confisseurs de la Ville de Caën, tous Actes de Justice requis & necessaires, de ce faire, te donnons pouvoir, sans pour ce demander autre Permission, ny pareatis nonobstant Clameur de Haro, Chartres Normandes. CAR tel est nostre plaisir. DONNE' à Paris le quatre May, l'an de Grace mil sept cens-seize, & de nostre Regne le premier.

PAR LE ROY EN SON CONSEIL.

Scellé le dix-neuf May mil sept cens seize.

Signé, HATTE.

www.ingramcontent.com/pod-product-compliance
Ingram Content Group UK Ltd.
Pitfield, Milton Keynes, MK11 3LW, UK
UKHW021036180726
13838UKWH00004B/1832

9 782329 351667